Impressum
Verlag: BABADADA GmbH, Nedderfeld 112 , 22529 Hamburg
Geschäftsführer / Verlagsleitung: Harald Hof
Druck: Books on Demand GmbH, In de Tarpen 42, 22848 Norderstedt

Imprint
Publisher: BABADADA GmbH, Nedderfeld 112 , 22529 Hamburg, Germany
Managing Director / Publishing direction: Harald Hof
Print: Books on Demand GmbH, In de Tarpen 42, 22848 Norderstedt

School
school

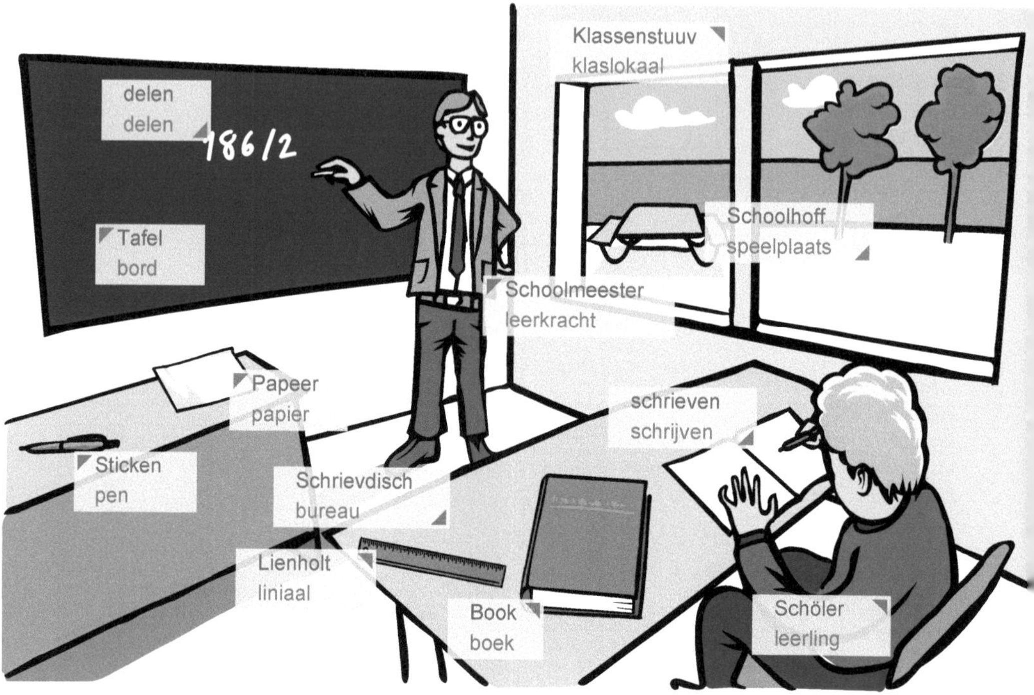

Klassenstuuv
klaslokaal
delen
delen
186/2
Tafel
bord
Schoolhoff
speelplaats
Schoolmeester
leerkracht
Papeer
papier
schrieven
schrijven
Sticken
pen
Schrievdisch
bureau
Lienholt
liniaal
Book
boek
Schöler
leerling

Ranzel
schooltas

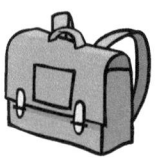

Feddermapp
pennenzak

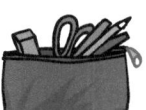

Bleesticken
potlood

Scharpmaker
puntenslijper

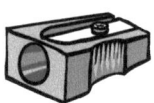

Radeergummi
gom

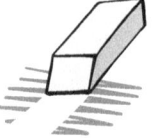

Tekenblock
tekenblok

Touristeninformatschoon

toeristeninformatie

Strand

strand

Kreditkoort

kredietkaart

Fröhstück

ontbijt

Meddageten

lunch

Avendeten

avondeten

Fohrkort

ticket

Fohrstohl

lift

Breefmark

postzegel

Grenz

grens

Toll

douane

Bottschop

ambassade

Visum

visum

Pass

paspoort

Transport
transport

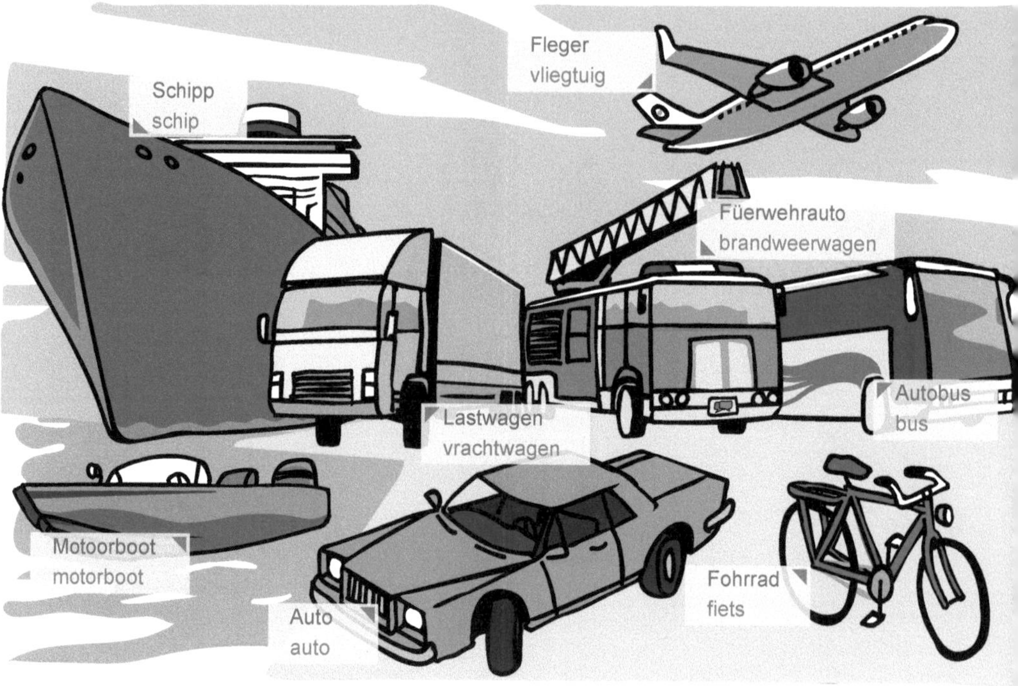

Fleger
vliegtuig

Schipp
schip

Füerwehrauto
brandweerwagen

Autobus
bus

Lastwagen
vrachtwagen

Motoorboot
motorboot

Fohrrad
fiets

Auto
auto

Fähr
....
veerboot

Boot
....
boot

Motoorrad
....
motor

Polizeiauto
....
politiewagen

Rönnauto
....
racewagen

Lehnwagen
....
huurauto

Carsharing

carpoolen

Afsleepwagen

sleepwagen

Müllauto

vuilniswagen

Motoor

motor

Kraftstoff

benzine

Tanksteed

benzinestation

Verkehrsschild

verkeersbord

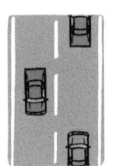

Verkehr

verkeer

Stau

file

Afstellplatz

parkeerplaats

Bahnhoff

station

Sporen

sporen

Tog

trein

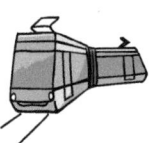

Stratenbahn

tram

Wagon

wagon

Dwarsmöhl

helikopter

Flooghaven

luchthaven

Tower

toren

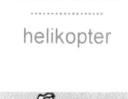

Fohrgast

passagier

Grootkist

container

Karton

karton

Koor

kar

Korf

mand

starten / lannen

opstijgen / landen

Stadt

stad

Dörp

dorp

Binnenstadt

stadscentrum

Huus

huis

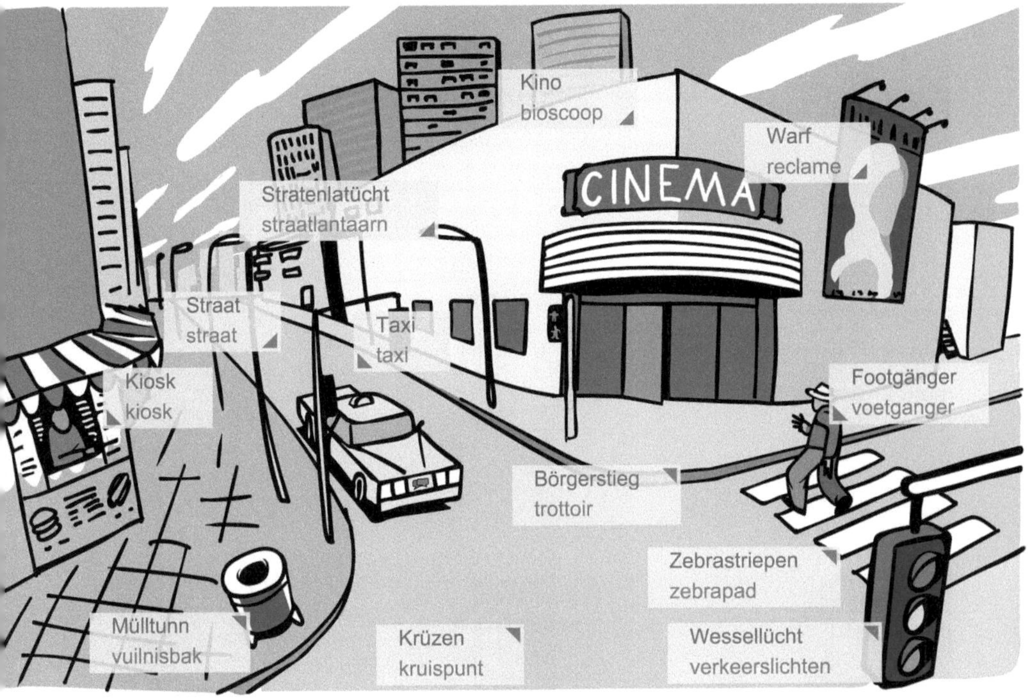

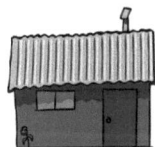

Kino
bioscoop
Warf
reclame
CINEMA
Stratenlatücht
straatlantaarn
Straat
straat
Taxi
taxi
Kiosk
kiosk
Footgänger
voetganger
Börgerstieg
trottoir
Zebrastriepen
zebrapad
Mülltunn
vuilnisbak
Krüzen
kruispunt
Wessellücht
verkeerslichten

Hütt

hut

Wahnung

woning

Bahnhoff

station

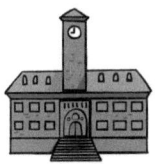

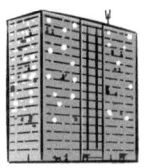

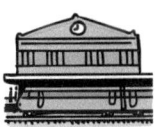

Raathuus

stadshuis

MUSEUM

Museum

museum

School

school

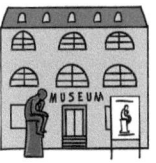

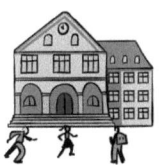

Universität

universiteit

Bank

bank

Krankenhuus

ziekenhuis

Hotel

hotel

Afteek

apotheek

Büro

kantoor

Bookhökerie

boekwinkel

Hökerie

winkel

Blomenhökerie

bloemenwinkel

Supermarkt

supermarkt

Markt

markt

Koophuus

warenhuis

Fischhökerie

vishandelaar

Inkoopszentrum

winkelcentrum

Haven

haven

Parkanlaag

park

Bank

bank

Brüch

brug

Trepp

trap

Ünnergrundbahn

metro

Tunnel

tunnel

Busstoppsteed

bushalte

Bar

bar

Spieslokal

restaurant

Breefkassen

brievenbus

Stratenschild

straatnaambord

Parkklock

parkeermeter

Deertenpark

zoo

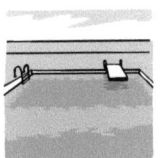

Baadanstalt

zwembad

Moschee

moskee

Buernhoff
boerderij

Ümweltversmudden
milieuverontreiniging

Karkhoff
kerkhof

Kark
kerk

Speelplatz
speelplaats

Tempel
tempel

Landschop
landschap

Blatt
blad

Wiespahl
wegwijzer

Weg
weg

Wisch
weide

Steen
steen

Wannerer
wandelaar

Boom
boom

Fluss
rivier

Gras
gras

Bloom
bloem

Daal

vallei

Barg

heuvel

See

meer

Holt

bos

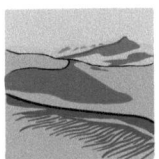

Wööst

woestijn

Füerspien Barg

vulkaan

Slott

kasteel

Regenbagen

regenboog

Poggenstohl

paddenstoel

Palm

palmboom

Steekmück

mug

Fleeg

vlieg

Miegeemk

mier

Imm

bijl

Spinn

spin

Sebber

kever

Pogg

kikker

Katteker

eekhoorn

Swienegel

egel

Haas

haas

Uul

uil

Vagel

vogel

Swaan

zwaan

Wildswien

wild zwijn

Hirsch

hert

Elk

eland

Staudamm

dam

Windrad

windturbine

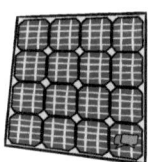

Solarmodul

zonnepaneel

Klima

klimaat

Landschop - landschap

Spieslokal
restaurant

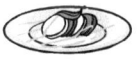

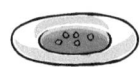

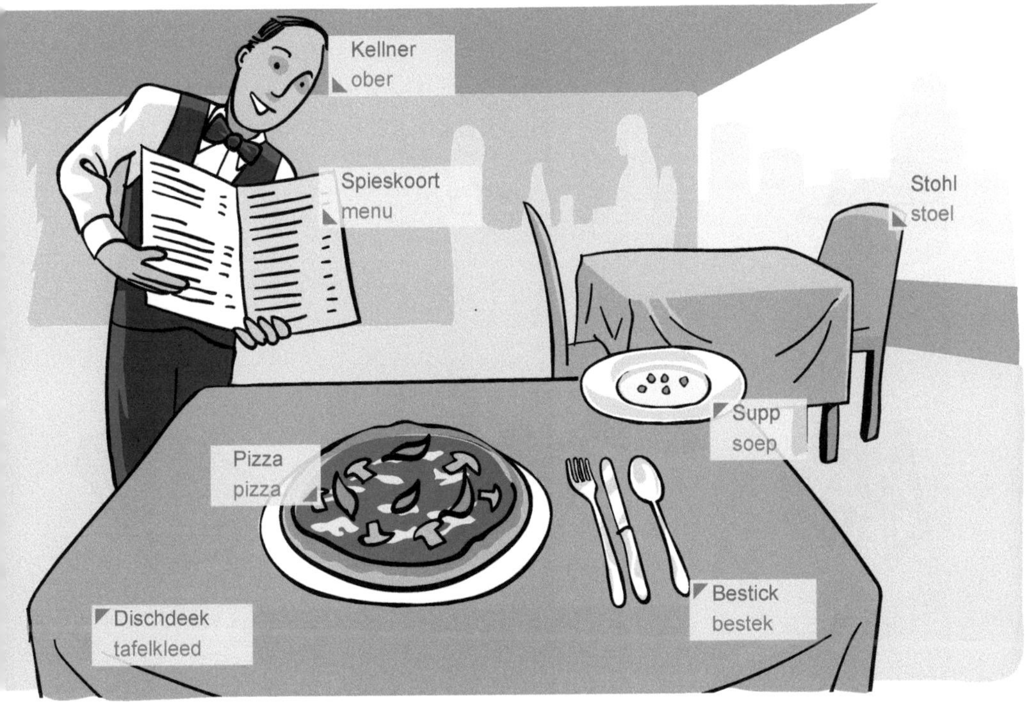
Kellner
ober
Spieskoort
menu
Stohl
stoel
Supp
soep
Pizza
pizza
Bestick
bestek
Dischdeek
tafelkleed

Vörspies
voorgerecht

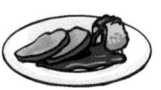

Haupteten
hoofdgerecht

Nadisch
nagerecht

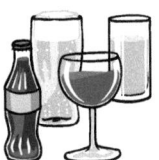

Drünk
drankjes

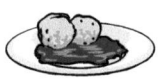

Eten
eten

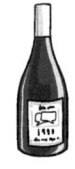

Buddel
fles

Fastfood

fastfood

Strateneten

street food

Teekann

theepot

Zuckerdoos

suikerpot

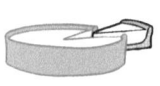

Portschoon

portie

Espressomaschien

espressomachine

Hoochstohl

kinderstoel

Reken

rekening

Tablett

dienblad

Mess

mes

Gavel

vork

Lepel

lepel

Teelepel

theelepel

Munddook

servistte

Glas

glas

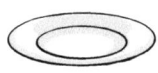

Töller

bord

Suppentöller

soepbord

Ünnertass

schoteltje

Sooß

saus

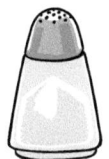

Soltstreuer

zoutvatje

Pepermöhl

pepermolen

Etig

azijn

Ööl

olie

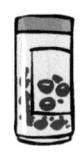

Krüder

kruiden

Ketchup

ketchup

Mostrich

mosterd

Mayonnaise

mayonaise

Supermarkt
supermarkt

Anbott
aanbieding
Kunn
klant
FOR
Melkprodukten
zuivelproducten
Aaft
fruit
Inkoopswagen
winkelwagen

BUTCHERS

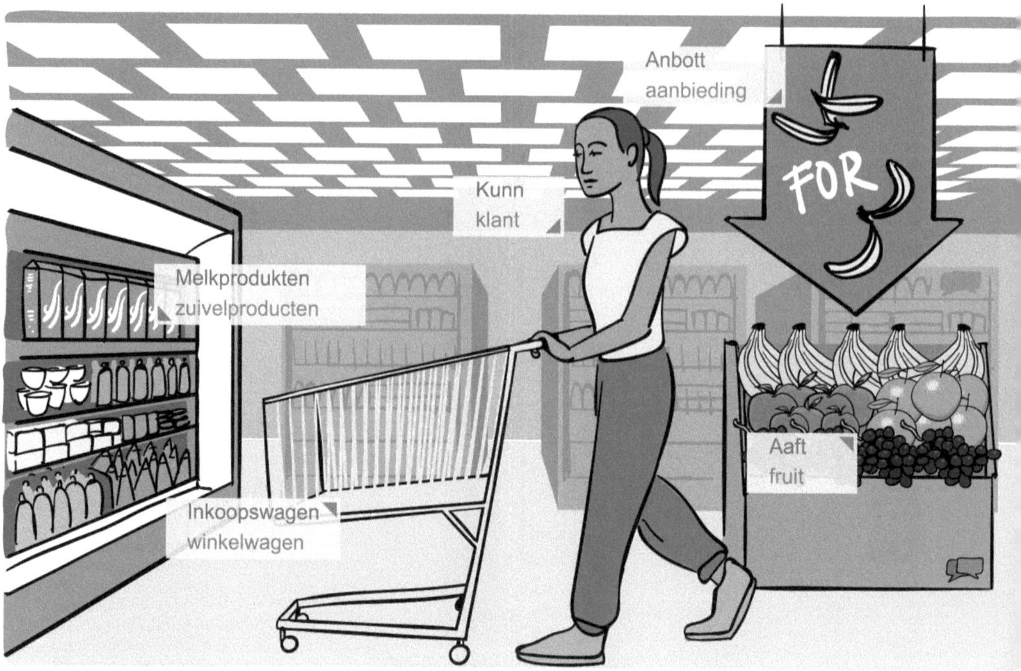

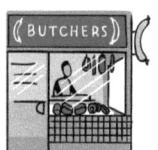

Slachterie

slagerij

BAKERY

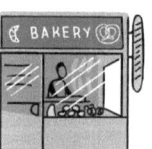

Bäckerie

bakkerij

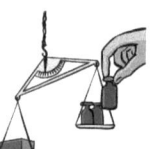

wegen

wegen

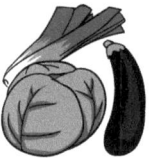

Gröönsaken

groenten

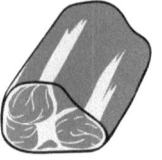

Fleesch

vlees

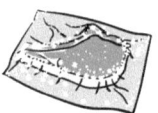

Deepköhlkost

diepvriesvoedsel

Opsnitt

charcuterie

Konserven

conserven

Waschmiddel

waspoeder

Snoopkraam

snoep

Huushooltssaken

huishoudproducten

Reinmaaktüüch

schoonmaakproducten

Verköpersche

verkoopster

Kass

kassa

Kasserer

kassier

Inkoopslist

boodschappenlijstje

Opsparrtieden

openingstijden

Breeftasch

portefeuille

Kreditkoort

kredietkaart

Tasch

tas

Plastiktüüt

plastieken zakje

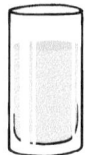

Water

water

Saft

sap

Melk

melk

Cola

cola

Wien

wijn

Beer

bier

Spriet

alcohol

Kakao

cacao

Tee

thee

Koffie

koffie

Espresso

espresso

Cappucino

cappuccino

Banaan

banaan

Appel

appel

Appelsien

sinaasappel

Meloon

meloen

Zitroon

citroen

Wöttel

wortel

Knuuvlook

knoflook

Bambus

bamboe

Zibbel

ajuin

Poggenstohl

champignon

Nööt

noten

Nudeln

noodles

Spaghetti

spaghetti

Ries

rijst

Salat

salade

Pommes frites

frieten

Braadkantüffeln

gebakken aardappelen

Pizza

pizza

Hamborger

hamburger

Sandwich

sandwich

Snitzel

kalfslapje

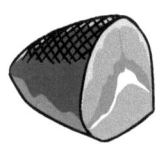

Schinken

ham

Salami

salami

Wust

worst

Hohn

kip

Braden

braden

Fisch

vis

Haverflocken

havervlokken

Müsli

muesli

Cornflakes

cornflakes

Mehl

bloem

Croissant

croissant

Rundstück

pistolet

Broot

brood

Toast

toast

Keksen

koekjes

Botter

boter

Quark

kwark

Koken

taart

Ei

ei

Spegelei

spiegelei

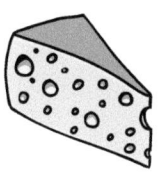

Kees

kaas

Ies
....
ijs

Zucker
....
suiker

Honnig
....
honing

Marmelaad
....
confituur

Nougat-Creme
....
choco

Curry
....
curry

Buernhoff
boerderij

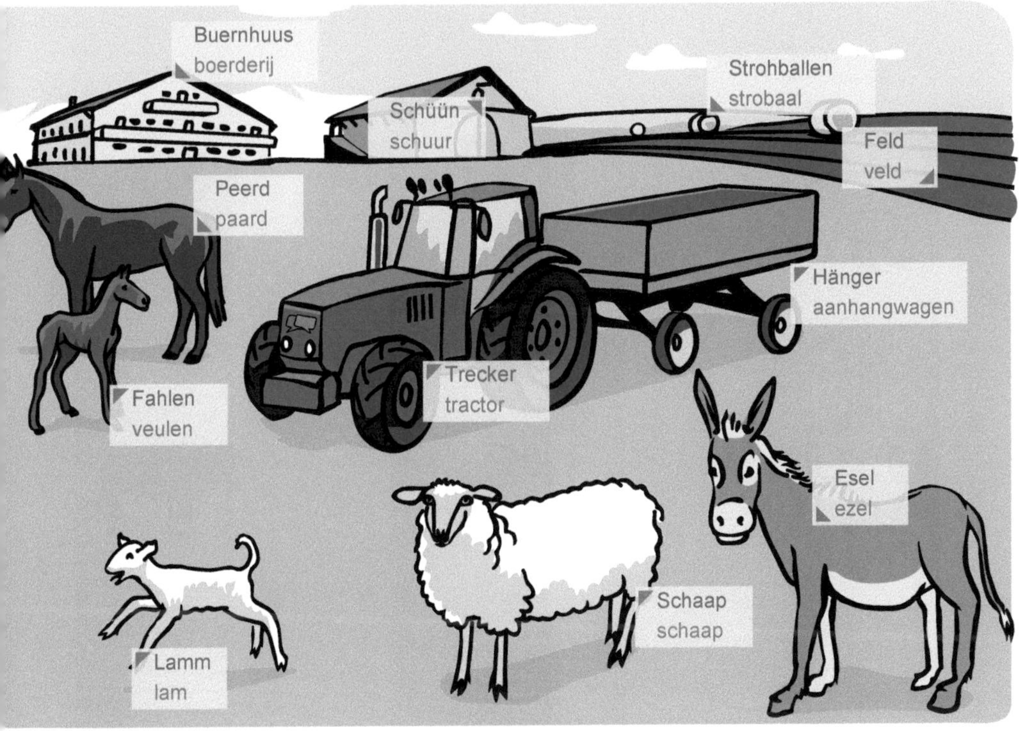

Buernhuus
boerderij
Schüün
schuur
Strohballen
strobaal
Feld
veld
Peerd
paard
Hänger
aanhangwagen
Trecker
tractor
Fahlen
veulen
Esel
ezel
Schaap
schaap
Lamm
lam

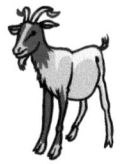

Zeeg

geit

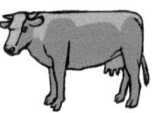

Koh

koe

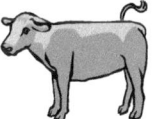

Kalf

kalf

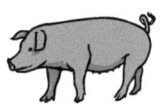

Swien

varken

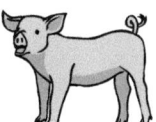

Farken

biggetje

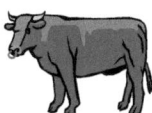

Bull

stier

Goos

gans

Aant

eend

Küken

kuiken

Hohn

kip

Hahn

haan

Rott

rat

Katt

kat

Muus

muis

Oss

os

Hund

hond

Hunnenhütt

hondenhok

Goornslauch

tuinslang

Geetkann

gieter

Lee

zeis

Ploog

ploeg

Sich

sikkel

Hack

schoffel

Mestfork

hooivork

Ext

bijl

Schuufkoor

kruiwagen

Trog

trog

Melkkann

melkkan

Sack

zak

Tuun

hek

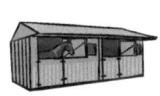

Stall

stal

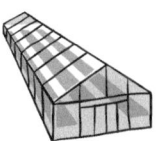

Drievhuus

broeikas

Bodden

bodem

Saat

zaad

Dünger

mest

Meihdöscher

maaidorser

oornen

oogsten

Oorn

oogst

Yamswöttel

yam

Weten

tarwe

Soja

soja

Kantüffel

aardappel

Törksche Weten

maïs

Rapp

koolzaad

Aaftboom

fruitboom

Troopsch Kantüffel

maniok

Koorn

graan

Huus
huis

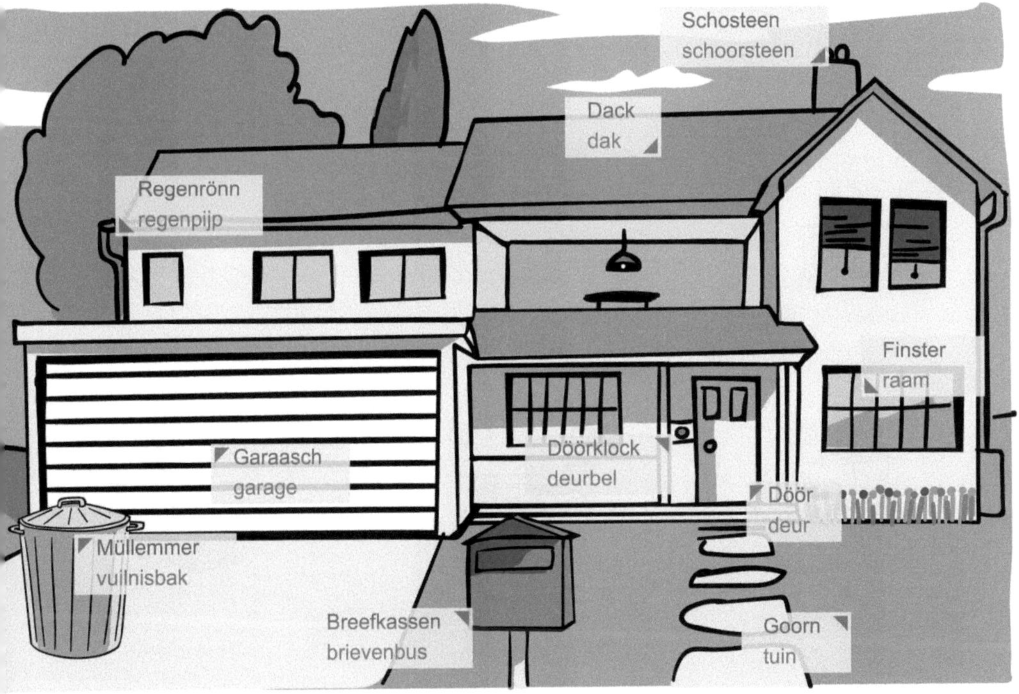
Schosteen
schoorsteen
Dack
dak
Regenrönn
regenpijp
Finster
raam
Garaasch
garage
Döörklock
deurbel
Döör
deur
Müllemmer
vuilnisbak
Breefkassen
brievenbus
Goorn
tuin

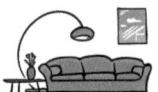

Wahnstuuv

woonkamer

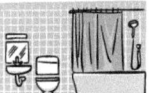

Baadstuuv

badkamer

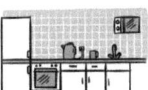

Köök

keuken

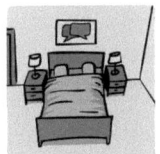

Slaapstuuv

slaapkamer

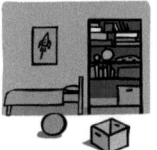

Kinnerstuuv

kinderkamer

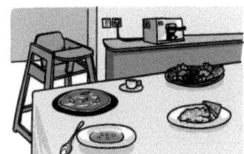

Eetstuuv

eetkamer

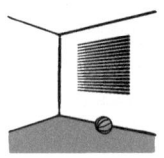

Footbodden

vloer

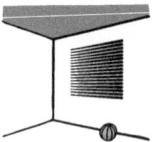

Wand

muur

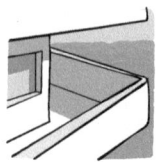

Deek

plafond

Keller

kelder

Hittluftbad

sauna

Balkon

balkon

Terrass

terras

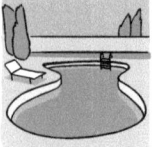

Swümmbad

zwembad

Rasenmeiher

grasmaaier

Bettbetog

dekbedovertrek

Bettdeek

dekbed

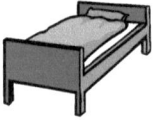

Puuch

bed

Bessen

bezem

Emmer

emmer

Schalter

schakelaar

Wahnstuuv
woonkamer

Tapeet
behangpapier
Bild
foto
Lamp
lamp
Regal
schap
Schapp
kast
Kiekkassen
televisie
Kamin
open haard
Bloom
bloem
Küssen
kussen
Sofa
sofa
Vaas
vaas
Feernbedenen
afstandsbediening

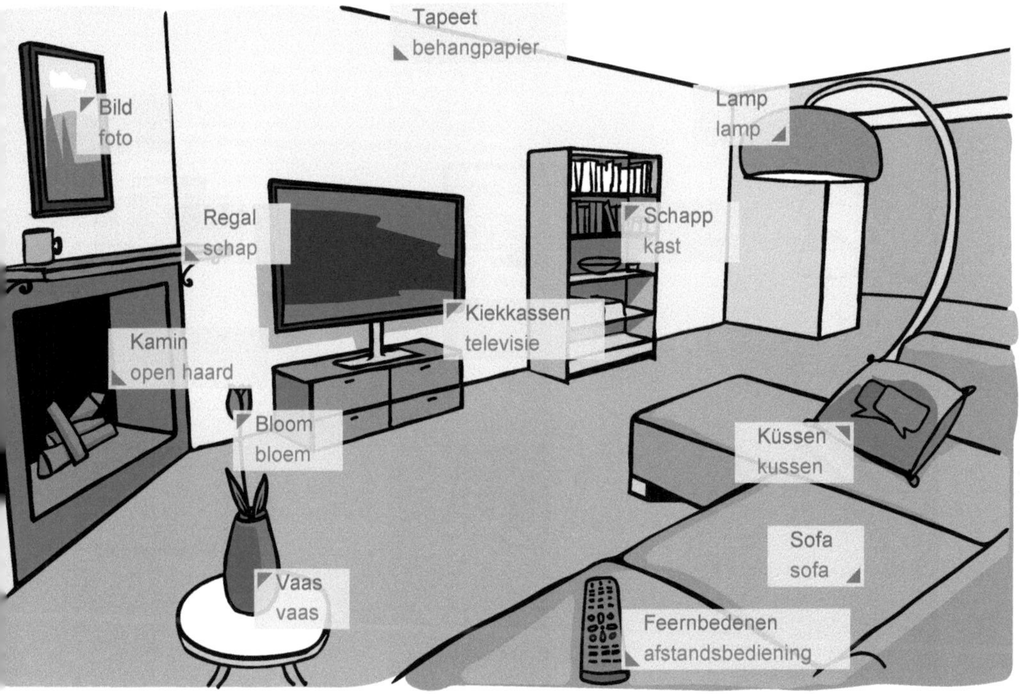

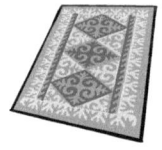

Teppich
mat

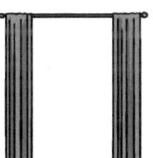

Vörhang
gordijn

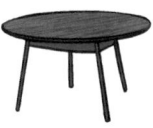

Disch
tafel

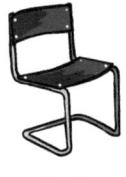

Stohl
stoel

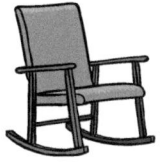

Schuckelstohl
schommelstoel

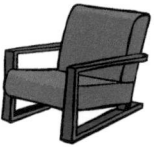

Sessel
fauteuil

Book

boek

Deek

deken

Dekoratschoon

decoratie

Füerholt

brandhout

Film

film

Stereoanlaag

stereo-installatie

Slötel

sleutel

Narichtenblatt

krant

Gemälde

schilderij

Poster

poster

Radio

radio

Opschrievblock

notitieboekje

Huulbessen

stofzuiger

Kaktus

cactus

Kars

kaars

Köök
keuken

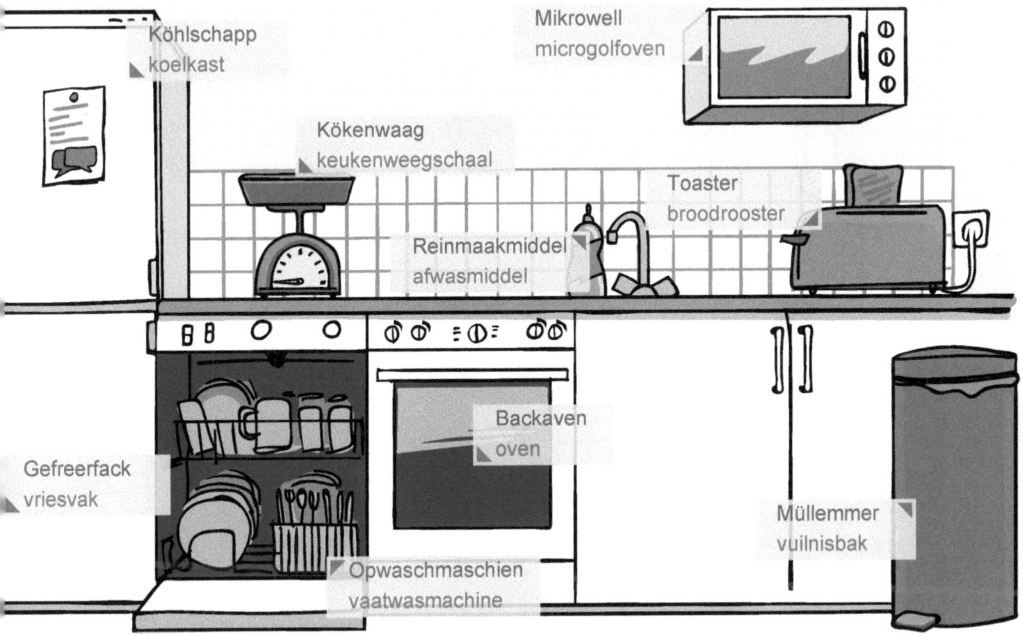
Köhlschapp
koelkast
Mikrowell
microgolfoven
Kökenwaag
keukenweegschaal
Toaster
broodrooster
Reinmaakmiddel
afwasmiddel
Backaven
oven
Gefreerfack
vriesvak
Müllemmer
vuilnisbak
Opwaschmaschien
vaatwasmachine

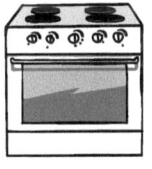

Heerd

fornuis

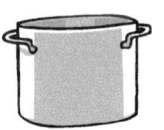

Pott

pot

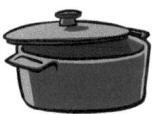

Gussiesern Putt

gietijzeren pot

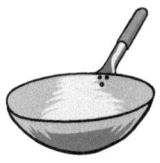

Wok / Kadai

wok / kadai

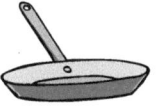

Pann

pan

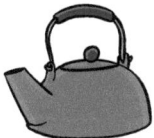

Waterkaker

waterkoker

Dampkaakputt

stoomkoker

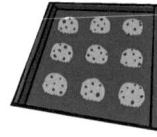

Backblick

bakplaat

Geschirr

servies

Beker

mok

Schaal

kom

Eetsticken

eetstokjes

Suppenkell

pollepel

Pannenwenner

spatel

Sneebessen

garde

Kaakseef

vergiet

Seef

zeef

Riev

rasp

Mörser

mortier

Grill

barbecue

Füerstell

haardvuur

Sniedbrett

snijplank

Nudelholt

deegrol

Proppentrecker

kurkentrekker

Doos

blik

Dosenaapner

blikopener

Pottlappen

pannenlap

Waschbecken

gootsteen

Böst

borstel

Swamm

spons

Mixer

blender

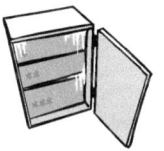

lesschapp

vriezer

Nuckelbuddel

papfles

Waterhahn

kraan

Köök - keuken

Baadstuuv
badkamer

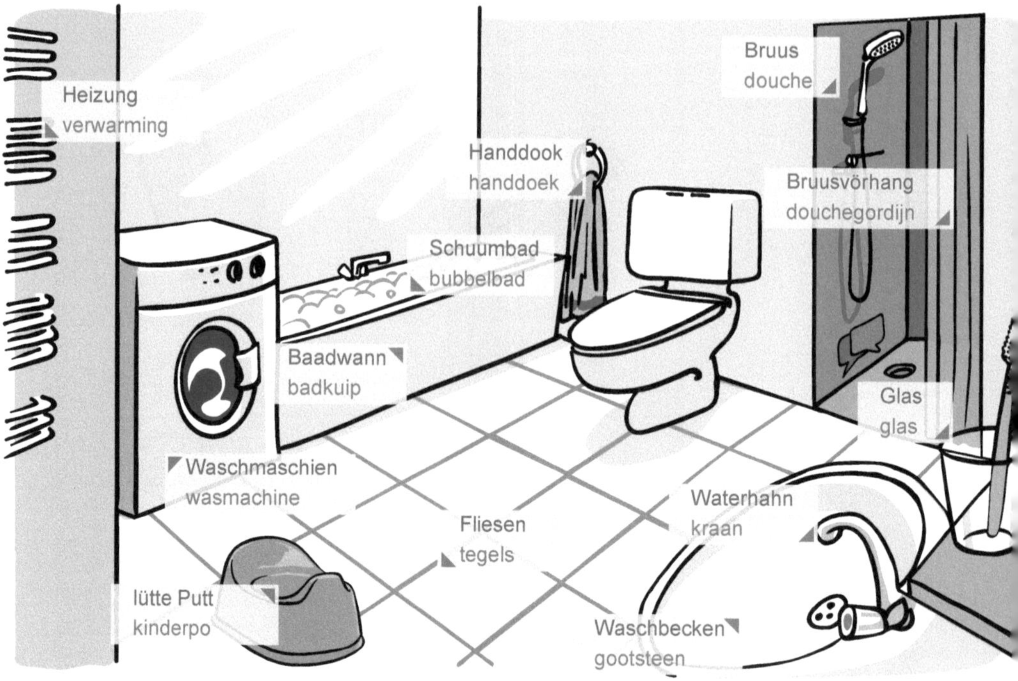

Heizung
verwarming
Handdook
handdoek
Bruus
douche
Bruusvörhang
douchegordijn
Schuumbad
bubbelbad
Baadwann
badkuip
Glas
glas
Waschmaschien
wasmachine
Waterhahn
kraan
Fliesen
tegels
lütte Putt
kinderpo
Waschbecken
gootsteen

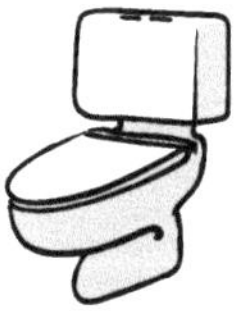

Tante Meier

toilet

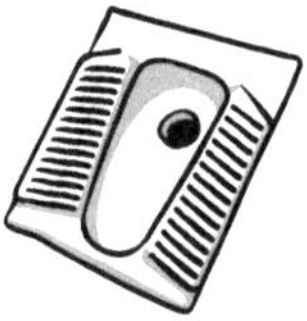

Hockklo

hurktoilet

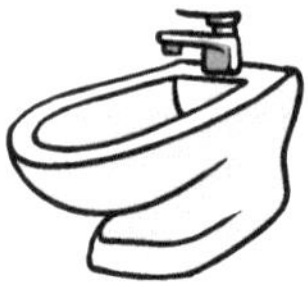

Bidet

bidet

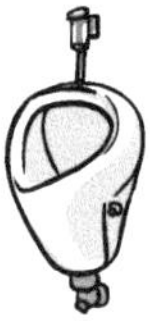

Miegbecken

urinoir

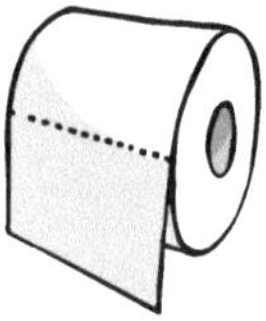

Klopapeer

toiletpapier

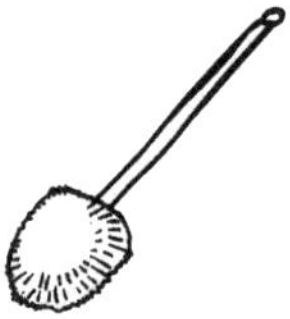

Kloböst

toiletborstel

Tähnböst
tandenborstel

Tähnpast
tandpasta

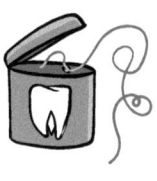

Tähnsied
flosdraad

waschen
wassen

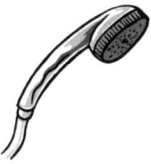

Handbruus
handdouche

Intimbruus
bidethanddouche

Waschschöttel
waskom

Rüchböst
rugborstel

Seep
zeep

Bruusgeel
douchegel

Hoorwaschmiddel
shampoo

Waschlappen
washandje

Afloop
afvoer

Creme
crème

Deodorant
deodorant

Spegel

spiegel

Kosmetikspegel

handspiegel

Raserer

scheermes

Raseerschuum

scheerschuim

Raseerwater

aftershave

Kamm

kam

Böst

borstel

Hoordröger

haardroger

Hoorspray

haarlak

Smink

make-up

Lippensticken

lippenstift

Nagellack

nagellak

Watt

watten

Nagelscheer

nagelknipper

Rüükwater

parfum

Kulturbüdel
toilettas

Schemel
kruk

Waag
weegschaal

Baadmantel
badjas

Gummihanschen
latex handschoenen

Tampon
tampon

Damenbinn
maandverband

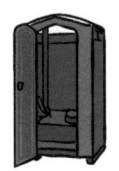

Chemieklo
chemisch toilet

Kinnerstuuv
kinderkamer

Wecker
wekker
Knudeldeert
knuffel
Speeltüüchauto
speelgoedauto
Klöter
rammelaar
Poppenhuus
poppenhuis
Geschenk
geschenk

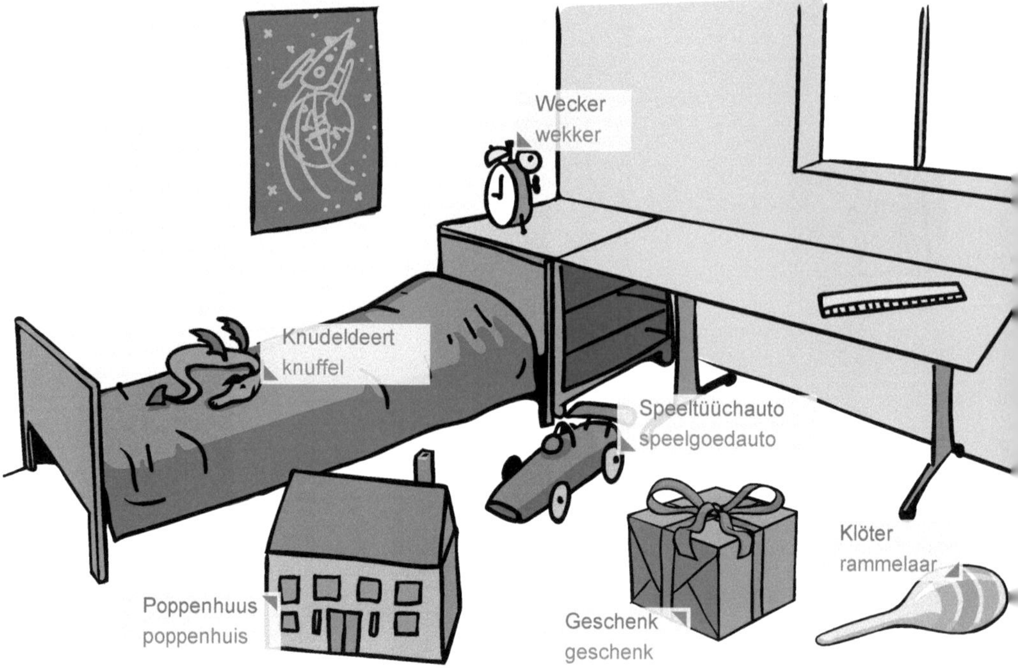

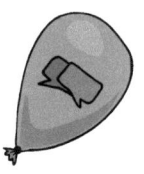

Luftballon
....
ballon

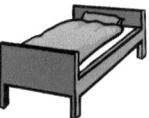

Puuch
....
bed

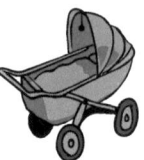

Kinnerwagen
....
kinderwagen

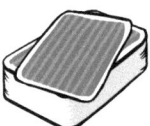

Koortenspeel
....
spel kaarten

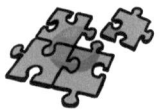

Puzzle
....
puzzel

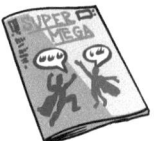

Billergeschicht
....
stripboek

Legostenen

legoblokjes

Bustenen

blokken

Action-Figur

actiefiguur

Strampelantog

kruippakje

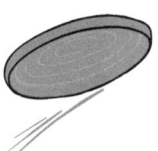

Frisbeeschiev

frisbee

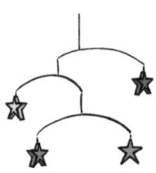

Mobile

mobiel

Brettspeel

bordspel

Wörpel

dobbelsteen

Modelliesenbahn

modelspoorweg

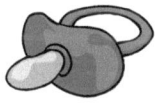

Snuller

fopspeen

Party

feest

Billerbook

prentenboek

Ball

bal

Popp

pop

spelen

spelen

Sandkassen
zandbak

Schuckel
schommel

Speeltüüch
speelgoed

Speelkonsool
spelconsole

Dreerad
driewieler

Teddyboor
knuffelbeer

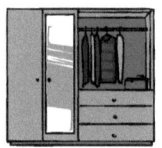

Klederschapp
kleerkast

Tüüch
kleding

Socken
sokken

Strümp
kousen

Strumpbüx
maillot

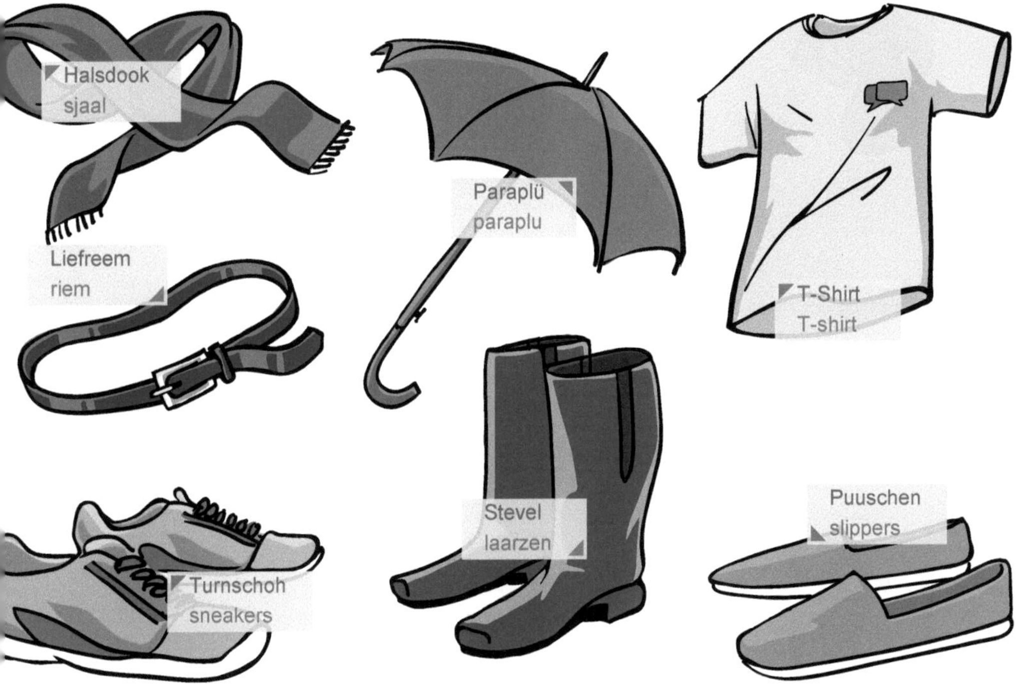

Halsdook
sjaal

Liefreem
riem

Paraplü
paraplu

T-Shirt
T-shirt

Turnschoh
sneakers

Stevel
laarzen

Puuschen
slippers

Sandalen
....
sandalen

Schoh
....
schoenen

Gummistevel
....
rubberlaarzen

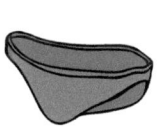

Ünnerbüx
....
onderbroek

Bostholler
....
beha

Ünnerhemd
....
onderhemd

Lief

lichaam

Büx

broek

Jeansnüx

jeans

Rock

rok

Bluus

blouse

Hemd

hemd

Pullover

trui

Kapuzenpullover

capuchontrui

Blazer

blazer

Jack

jas

Mantel

jas

Övertrecker

regenjas

Kostüm

kostuum

Kleed

jurk

Hochtietskleed

trouwjurk

Antog
pak

Nachtkleed
nachthemd

Slaapantog
pyjama

Sari
sari

Koppdook
hoofddoek

Turban
tulband

Burka
boerka

Kaftan
kaftan

Abaya
abaya

Baadantog
badpak

Baadbüx
zwembroek

Korte Büx
short

Antog to'n Öven
trainingspak

Schört
schort

Handschoh
handschoenen

Knopp

knoop

Brill

bril

Armband

armband

Halskeed

ketting

Ring

ring

Ohrbummel

oorbel

Mütz

pet

Klederbögel

kapstok

Hoot

hoed

Binner

das

Rietslüter

rits

Helm

helm

Drachtband

bretellen

Schooluniform

schooluniform

Uniform

uniform

Severböten
....
slabbetje

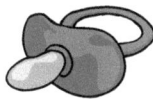

Snuller
....
fopspeen

Winnel
....
luier

Büro
kantoor

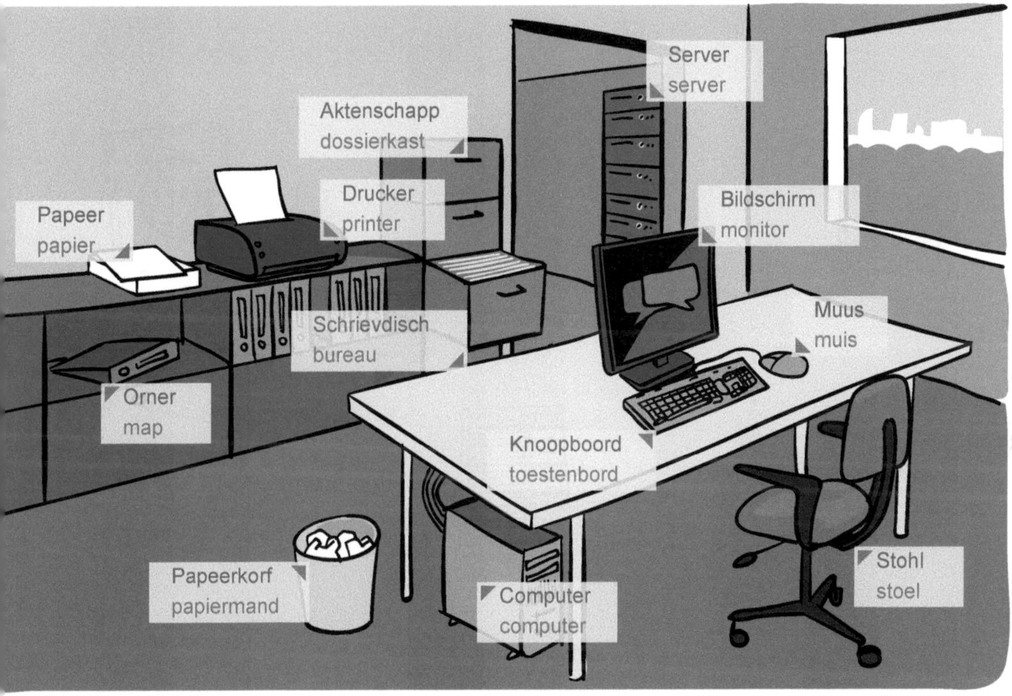

Server
server

Aktenschapp
dossierkast

Drucker
printer

Papeer
papier

Bildschirm
monitor

Schrievdisch
bureau

Muus
muis

Orner
map

Knoopboord
toestenbord

Stohl
stoel

Papeerkorf
papiermand

Computer
computer

Koffiebeker
....
koffiemok

Taschenreekner
....
rekenmachine

Internet
....
internet

Büro - kantoor 49

Klappreekner

laptop

Breef

brief

Naricht

bericht

Ackersnacker

gsm

Nettwark

netwerk

Kopeerapparat

kopieerapparaat

Software

software

Klöönkassen

telefoon

Steekdoos

stopcontact

Faxapparat

fax

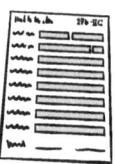

Formulor

formulier

Dokument

document

köpen

kopen

betahlen

betalen

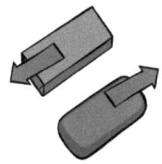

hanneln

handelen

Geld

geld

Dollar

dollar

Euro

euro

Yen

yen

Ruvel

roebel

Swiezer Franken

Zwitserse frank

Renminbi Yuan

Chinese renminbi

Rupie

roepie

Geldautomat

geldautomaat

Wesselstuuv

wisselkantoor

Gold

goud

Sülver

zilver

Ööl

olie

Energie

energie

Pries

prijs

Verdrag

contract

Stüer

belasting

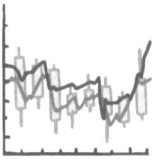

Andeelschien

aandeel

arbeiden

werken

Anstellte

werknemer

Arbeitgever

werkgever

Fabrik

fabriek

Hökerie

winkel

Profeschonen

beroepen

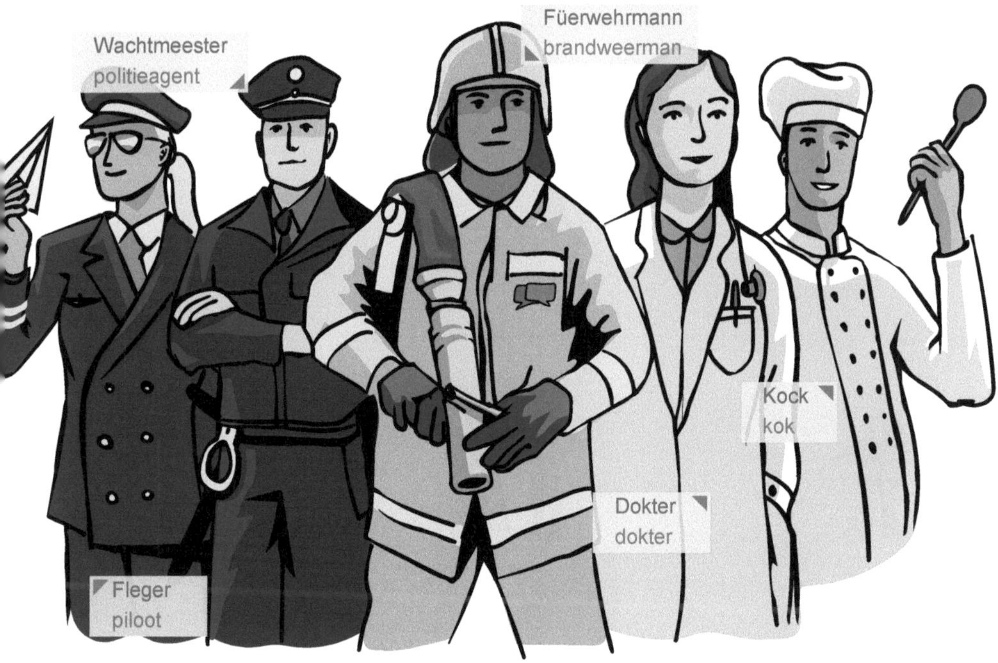

Wachtmeester
politieagent
Füerwehrmann
brandweerman
Kock
kok
Dokter
dokter
Fleger
piloot

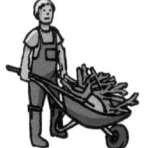

Goorner

tuinman

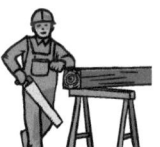

Discher

timmerman

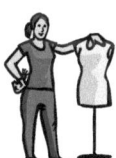

Neihersche

naaister

Richter

rechter

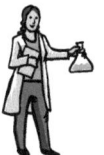

Chemiker

chemicus

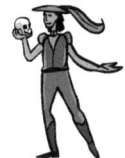

Schauspeler

acteur

Busfohrer

buschauffeur

Taxifohrer

taxichauffeur

Fischer

visser

Reinmaakfru

schoonmaakster

Dackdecker

dakdekker

Kellner

ober

Jäger

jager

Maler

schilder

Bäcker

bakker

Elektriker

elektricien

Buarbeider

bouwvakker

Ingenieur

ingenieur

Slachter

slager

Klempner

loodgieter

Postbüdel

postbode

Suldat

soldaat

Architekt

architect

Kasserer

kassier

Florist

bloemist

Putzbüdel

kapper

Schaffner

conducteur

Mechaniker

mecanicien

Kaptein

kapitein

Tähndokter

tandarts

Wetenschopler

wetenschapper

Rabbi

rabbijn

Imam

imam

Mönk

monnik

Paap

geestelijke

Warktüüch
werktuigen

Tang
tang
Hamer
hamer
Schruvendreiher
schroevendraaier
Taschenlamp
zaklamp
Schruvenslötel
schroefsleutel

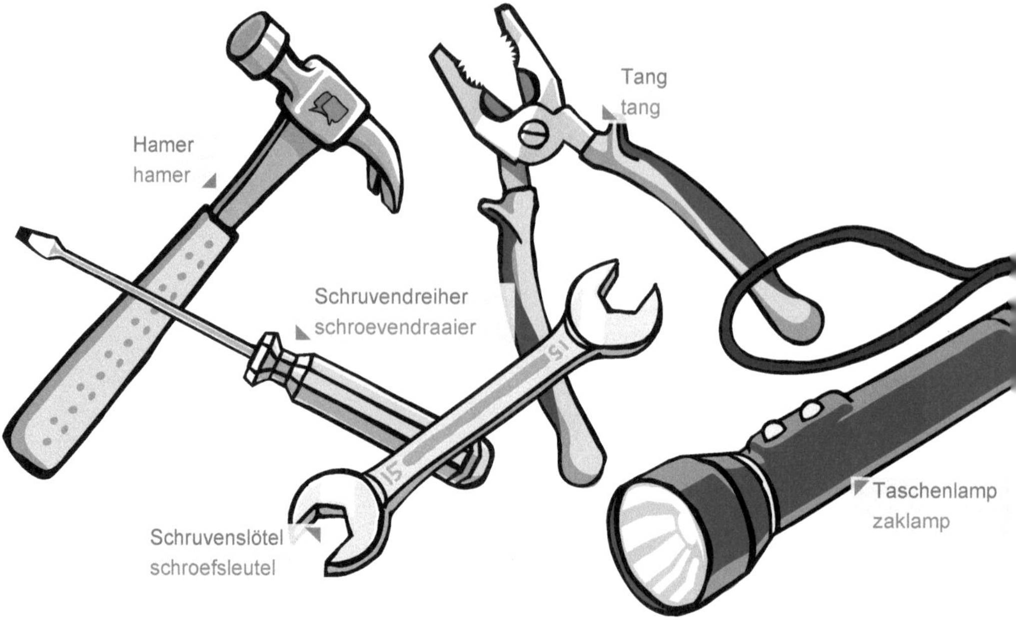

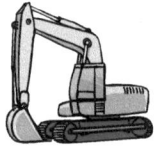

Grieper

graafmachine

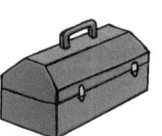

Warktüüchkassen

gereedschapskoffer

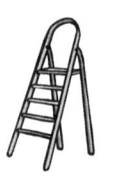

Ledder

ladder

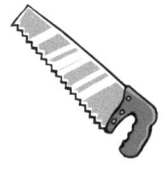

Saag

zaag

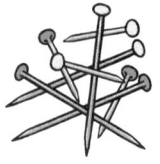

Nagels

spijkers

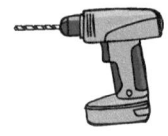

Bohrer

boormachine

heelmaken
....
repareren

Schüffel
....
schop

Schiet!
....
Verdomme!

Kehrblick
....
blik

Farvpott
....
verfpot

Schruven
....
schroeven

Musikinstrumenten
muziekinstrumenten

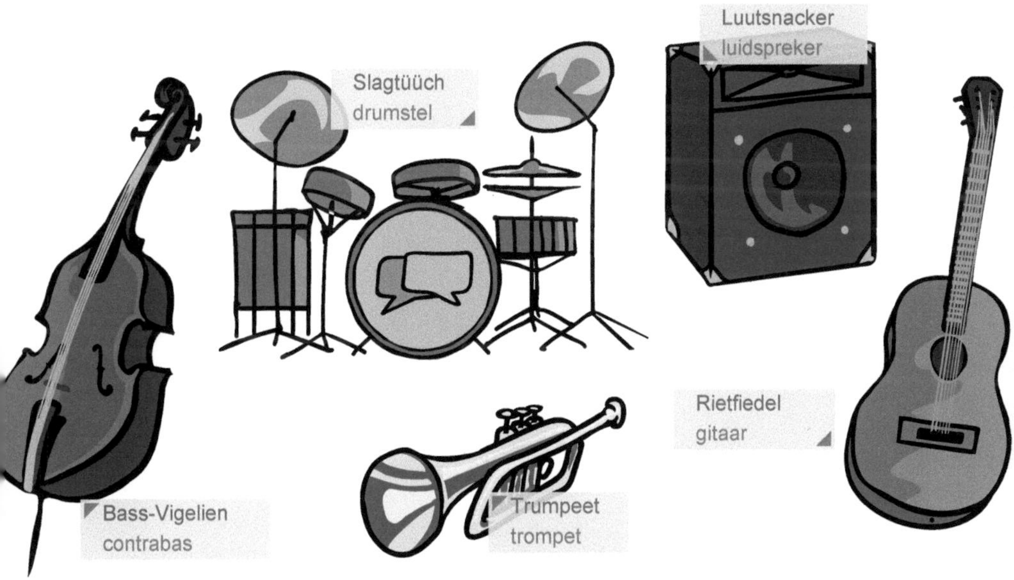

Luutsnacker
luidspreker

Slagtüüch
drumstel

Rietfiedel
gitaar

Bass-Vigelien
contrabas

Trumpeet
trompet

Klaveer

piano

Vigelien

viool

Bass

basgitaar

Pauk

pauk

Trummeln

trommels

Keyboard

keyboard

Saxophon

saxofoon

Fleut

fluit

Mikrofoon

microfoon

Deertenpark

zoo

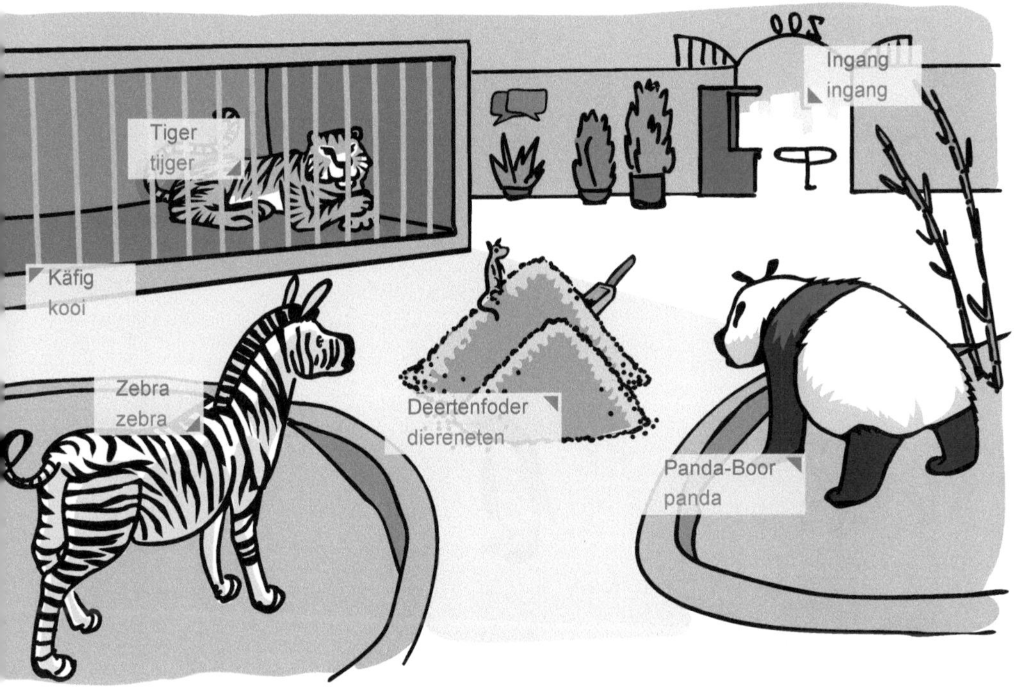

Ingang
ingang
Tiger
tijger
Käfig
kooi
Zebra
zebra
Deertenfoder
dierenten
Panda-Boor
panda

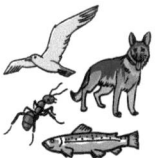

Deerten

dieren

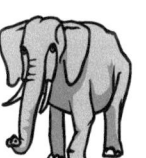

Elefant

olifant

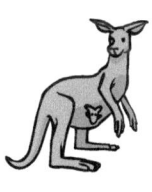

Känguru

kangoeroe

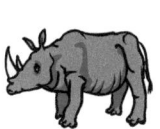

Neeshoorn

neushoorn

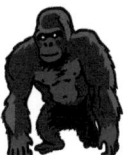

Gorilla

gorilla

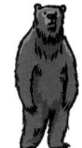

Boor

beer

Kameel

kameel

Struuß

struisvogel

Lööv

leeuw

Aap

aap

Flamingo

flamingo

Papagoi

papegaai

Iesboor

ijsbeer

Pinguin

pinguïn

Haifisch

haai

Pageluun

pauw

Slang

slang

Krokodil

krokodil

Oppasser in'n Deertenpark

dierenverzorger

Saalhund

zeehond

Jaguor

jaguar

Pony

pony

Leopard

luipaard

Nilpeerd

nijlpaard

Giraff

giraffe

Aadler

adelaar

Wildswien

wild zwijn

Fisch

vis

Schildkrööt

zeeschildpad

Walross

walrus

Voss

vos

Gazell

gazelle

Sport
sporten

Amerikaansch Football
rugby

Radfohren
wielrennen

Tennis
tennis

Korfball
basketbal

Swümmen
zwemmen

Boxen
boksen

Ieshockey
ijshockey

Football
voetbal

Fedderball
badminton

Leichtathletik
atletiek

Handball
handbal

Skilopen
skiën

Polo
polo

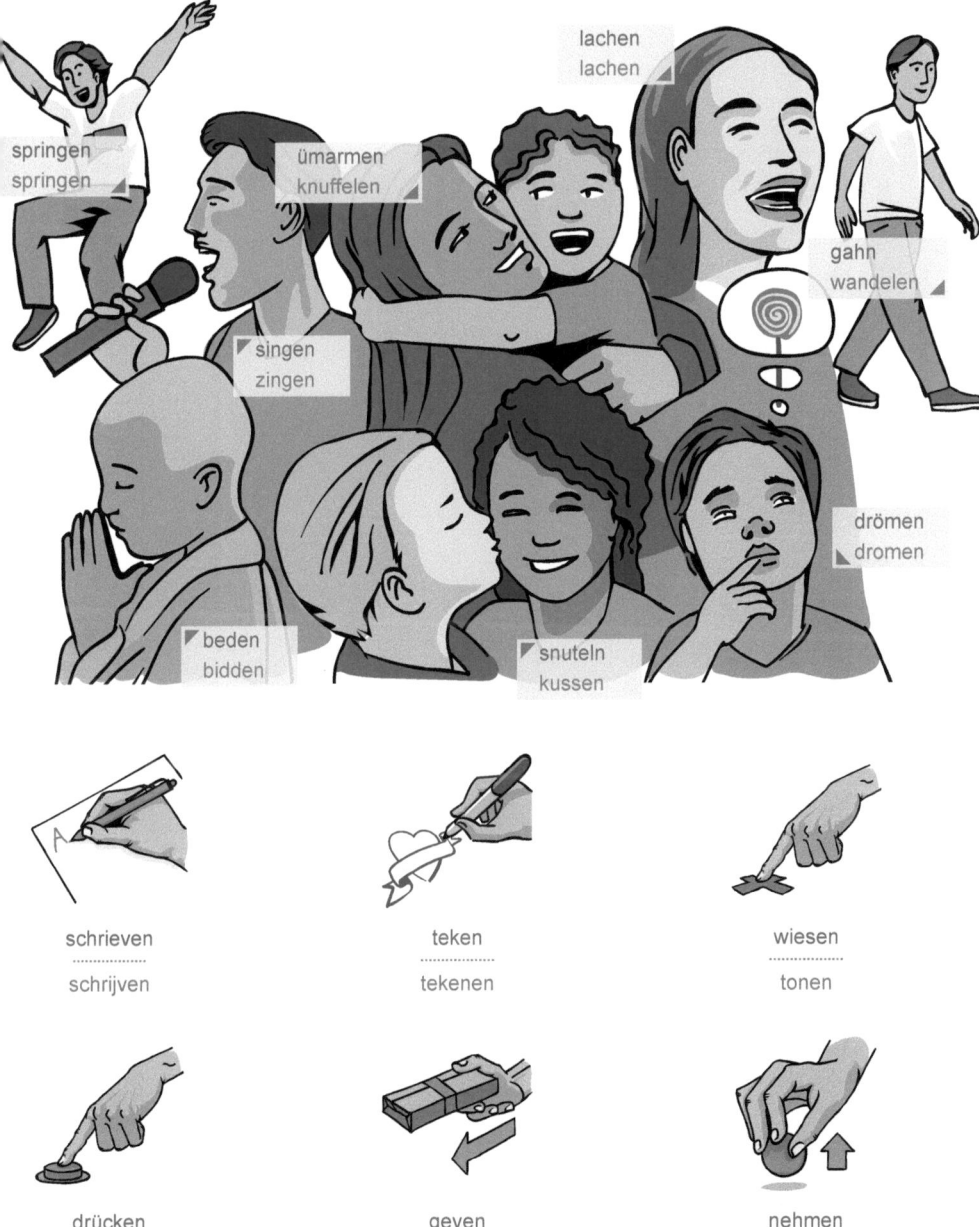

springen
springen

lachen
lachen

ümarmen
knuffelen

gahn
wandelen

singen
zingen

drömen
dromen

beden
bidden

snuteln
kussen

schrieven
schrijven

teken
tekenen

wiesen
tonen

drücken
duwen

geven
geven

nehmen
nemen

hebben
hebben

doon
doen

sien
zijn

stahn
staan

lopen
lopen

trecken
trekken

smieten
gooien

fallen
vallen

liggen
liggen

töven
wachten

dregen
dragen

sitten
zitten

antrecken
aankleden

slapen
slapen

opwaken
ontwaken

ankieken

kijken naar

wenen

wenen

eien

aaien

kämmen

kammen

snacken

praten

verstahn

begrijpen

fragen

vragen

hören

luisteren

drinken

drinken

eten

eten

oprümen

opruimen

leefhebben

houden van

kaken

koken

fohren

rijden

flegen

vliegen

segeln

zeilen

reken

rekenen

lesen

Lezen

lehren

leren

arbeiden

werken

de Plünnen tohoopsmieten

trouwen

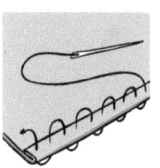

neihen

naaien

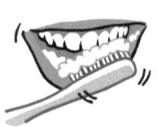

Tähnen putzen

tandenpoetsen

dootmaken

doden

smöken

roken

schicken

sturen

Familje
familie

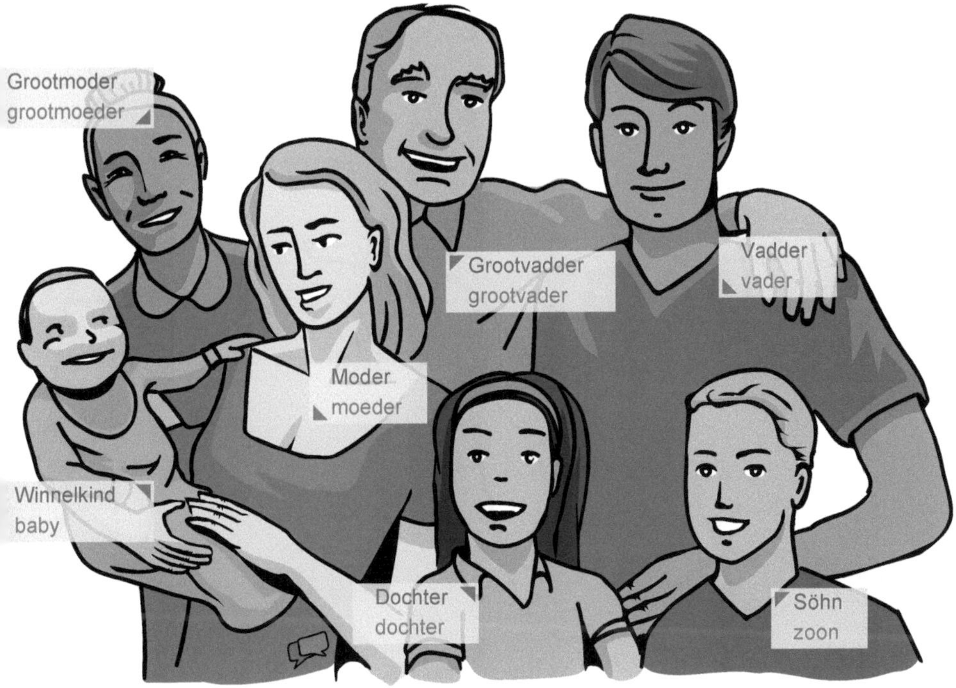

Grootmoder
grootmoeder
Grootvadder
grootvadder
Vadder
vader
Moder
moeder
Winnelkind
baby
Dochter
dochter
Söhn
zoon

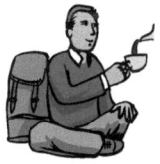

Gast

gast

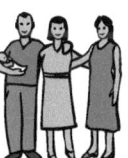

Tant

tante

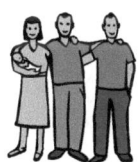

Unkel

oom

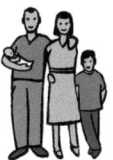

Broder

broer

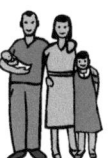

Süster

zus

Lief

lichaam

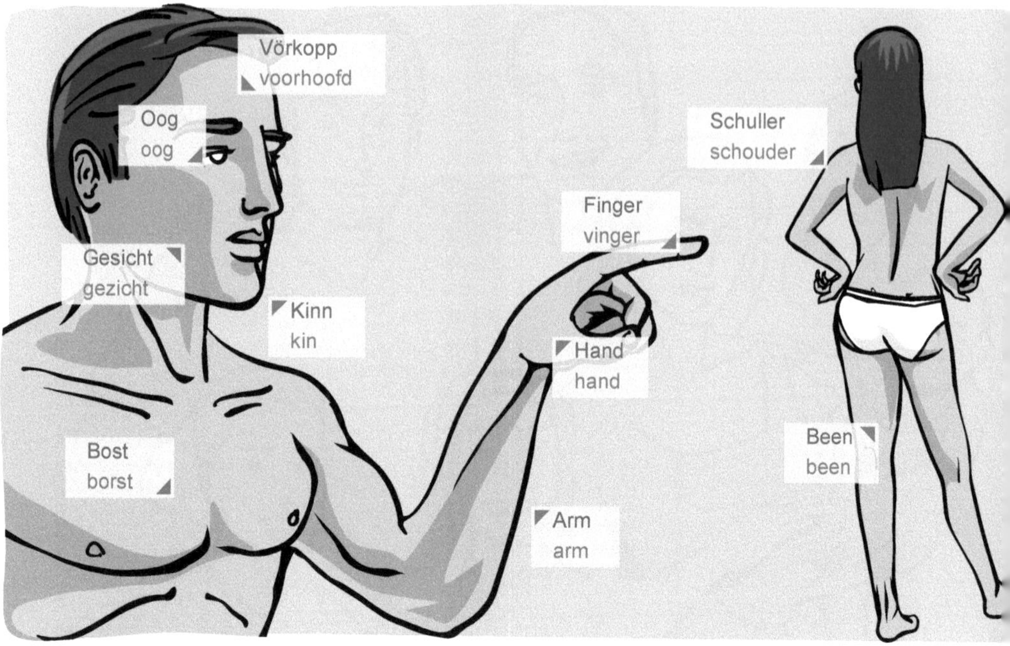

Vörkopp
voorhoofd

Oog
oog

Schuller
schouder

Finger
vinger

Gesicht
gezicht

Kinn
kin

Hand
hand

Bost
borst

Been
been

Arm
arm

Winnelkind

baby

Mann

man

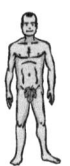

Fro

vrouw

Deern

meisje

Jung

jongen

Arm

hoofd

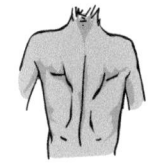

Rüch

rug

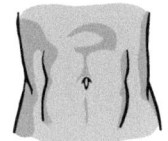

Buuk

buik

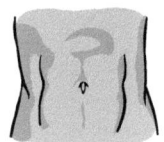

Navel

navel

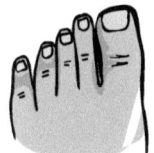

Teh

teen

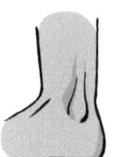

Hack

hiel

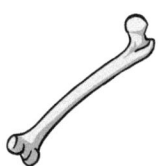

Knaken

bot

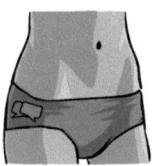

Hüft

heup

Knee

knie

Ellbagen

elleboog

Nees

neus

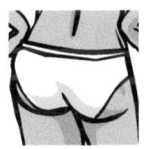

Achtersen

zitvlak

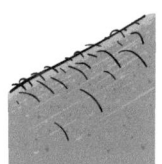

Huut

huid

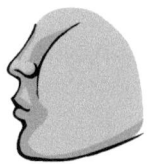

Back

wang

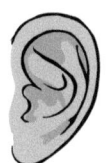

Ohr

oor

Lipp

lip

Mund

mond

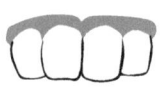

Tähn

tand

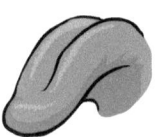

Tung

tong

Bregen

hersenen

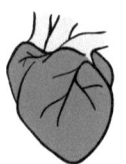

Hart

hart

Muskel

spier

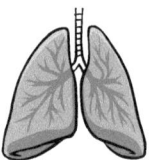

Lung

long

Lever

lever

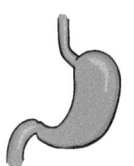

Maag

maag

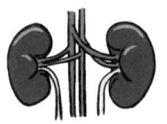

Neren

nieren

Bislaap

seks

Kondoom

condoom

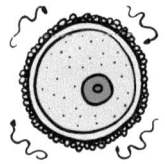

Eizell

eicel

Sperma

sperma

Anner Ümstänn

zwangerschap

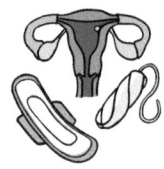

Menstruatschoon

menstruatie

Scheed

vagina

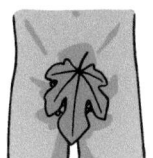

Pint

penis

Ogenbroe

wenkbrauw

Hoor

haar

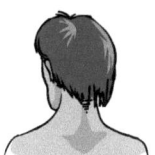

Hals

nek

Krankenhuus
ziekenhuis

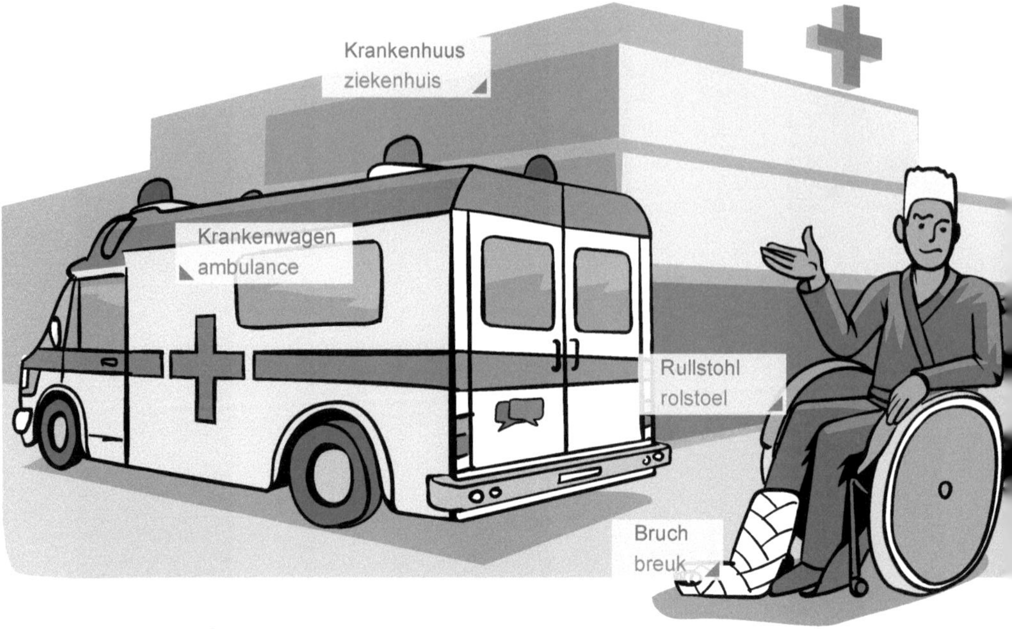

Krankenhuus
ziekenhuis
Krankenwagen
ambulance
Rullstohl
rolstoel
Bruch
breuk

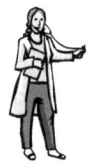

Dokter
dokter

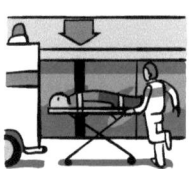

Nootopnahm
spoed

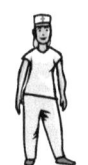

Krankensüster
verpleegkundige

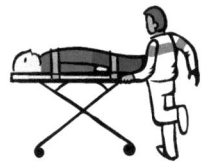

Nootfall
noodgeval

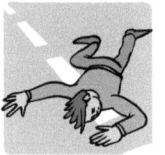

ahnmächtig
bewusteloos

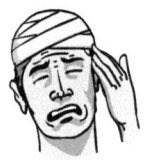

Wehdaag
pijn

Verwunnen

verwonding

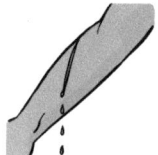

Blöden

bloeding

Hartinfarkt

hartaanval

Slaganfall

beroerte

Allergie

allergie

Hoosten

hoest

Fever

koorts

Gripp

griep

Dörchfall

diarree

Koppwehdaag

hoofdpijn

Kreeft

kanker

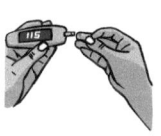

Zuckersüük

diabetes

Chirurg

chirurg

Chirurgsch Mess

scalpel

Operatschoon

operatie

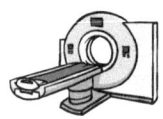

CT

CT

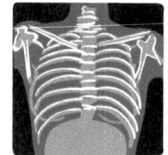

Dörchlüchten

röntgenstraal

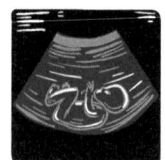

Ultraschall

ultrageluid

Mask

gezichtsmasker

Krankheit

ziekte

Töövruum

wachtkamer

Krück

kruk

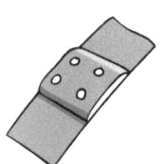

Plaaster

pleister

Verband

verband

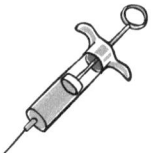

Insprütten

injectie

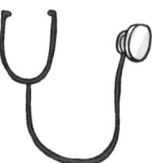

Stethoskop

stethoscoop

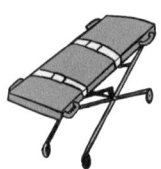

Draag

brancard

Feverthermometer

thermometer

Geboort

geboorte

Övergewicht

overgewicht

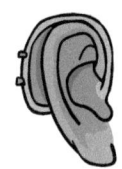

Höörapparat

hoorapparaat

Kiemfriemiddel

ontsmettingsmiddel

Ansteken

infectie

Virus

virus

HIV / AIDS

HIV / AIDS

Heelmiddel

medicijn

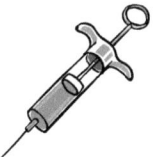

Impen

vaccinatie

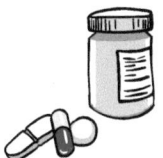

Tabletten

tabletten

Pill

pil

Nootroop

noodoproep

Blootdruck-Meter

bloeddrukmeter

krank / gesund

ziek / gezond

Hölp!

Help!

Alarm

alarm

Överfall

overval

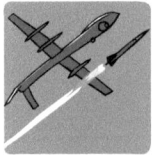

Angreep

aanval

Gefohr

gevaar

Nootutgang

nooduitgang

Füer!

Brand!

Füerlöscher

brandblusser

Unfall

ongeval

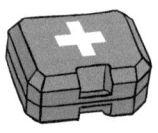

Noothölpkoffer

EHBO-kit

SOS

SOS

Polizei

politie

Europa

Europa

Noordamerika

Noord-Amerika

Süüdamerika

Zuid-Amerika

Afrika

Afrika

Asien

Azië

Australien

Australië

Atlantik

Atlantische Oceaan

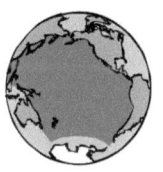

Pazifik

Stille Oceaan

Indisch Weltmeer

Indische Oceaan

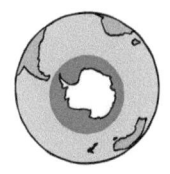

Antarktisch Weltmeer

Antarctische Oceaan

Arktisch Weltmeer

Arctische Oceaan

Noordpol

Noordpool

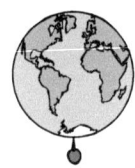

Süüdpol

Zuidpool

Antarktis

Antarctica

Eerd

aarde

Land

land

See

zee

Eiland

eiland

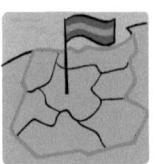

Natschoon

natie

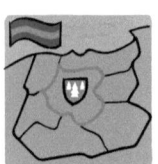

Staat

staat

Tallenblatt

wijzerplaat

Stunnenwieser

uurwijzer

Minutenwieser

minuutwijzer

Sekunnenwieser

secondewijzer

Wo laat is dat?

Hoe laat is het?

Dag

dag

Tiet

tijd

nu

nu

digetaalsch Klock

digitale horloge

Minuut

minuut

Stunn

uur

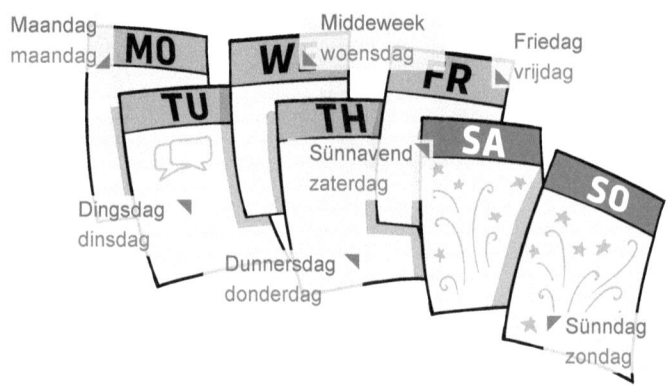

Maandag
maandag

Middeweek
woensdag

Friedag
vrijdag

Dingsdag
dinsdag

Sünnavend
zaterdag

Dunnersdag
donderdag

Sünndag
zondag

güstern
....
gisteren

hüüt
....
vandaag

morgen
....
morgen

Morgen
....
ochtend

Meddag
....
middag

Avend
....
avond

Arbeitsdaag
....
werkdagen

Wekenenn
....
weekend

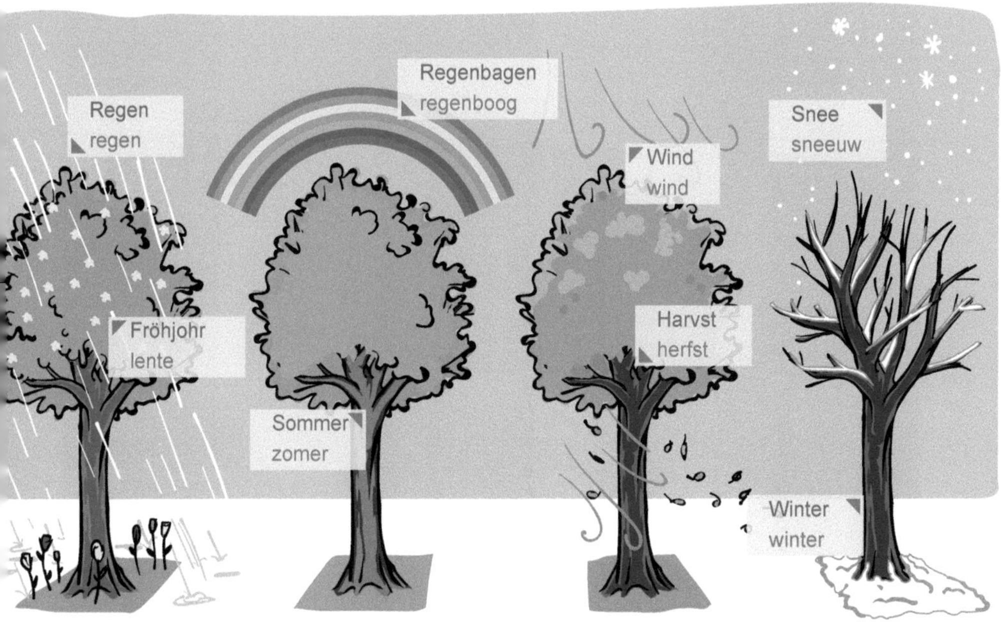

Regen
regen

Regenbagen
regenboog

Wind
wind

Snee
sneeuw

Fröhjohr
lente

Sommer
zomer

Harvst
herfst

Winter
winter

Wedervörhersaag

weervoorspelling

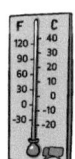

Thermometer

thermometer

Sünnenschien

zonneschijn

Wulk

wolk

Nevel

mist

Luftfuchtigkeit

vochtigheid

Blitz

bliksem

Dunner

donder

Storm

storm

Hagel

hagel

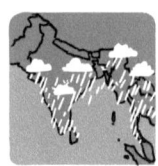

Monsun

moesson

Floot

overstroming

Ies

ijs

Januormaand

januari

Februormaand

februari

Martmaand

maart

Aprilmaand

april

Maimaand

mei

Junimaand

juni

Julimaand

juli

Augustmaand

augustus

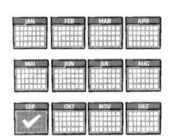

Septembermaand

september

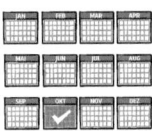

Oktobermaand

oktober

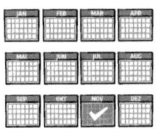

Novembermaand

november

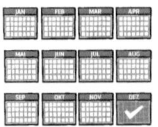

Dezembermaand

december

Formen

vormen

Krink

cirkel

Quadrat

kwadraat

Rechteck

rechthoek

Dreeeck

driehoek

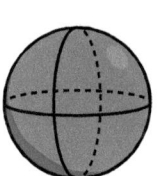

Kugel

bol

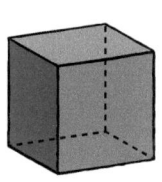

Wörpel

kubus

witt

wit

geel

geel

orangsch

oranje

pink

roze

root

rood

lila

paars

blau

blauw

gröön

groen

bruun

bruin

gries

grijs

swart

zwart

veel / wenig
veel / weinig

böös / verdreeglich
boos / kalm

smuck / mies
mooi / lelijk

Begünn / Enn
begin / einde

groot / lütt
groot / klein

hell / düüster
licht / donker

Broder / Süster
broer / zus

schier / schietig
proper / vuil

kumpleet / nich kumpleet
volledig / onvolledig

Dag / Nacht
dag / nacht

doot / lebennig
dood / levend

breet / small
breed / smal

geneetbor / nich geneetbor

eetbaar / oneetbaar

böös / fründlich

kwaadaardig / vriendelijk

fickerig / langwielt

opgewonden / verveeld

dick / dünn

dik / dun

toeerst / toletzt

eerst / laatst

Fründ / Fiend

vriend / vijand

vull / leddig

vol / leeg

hart / week

hard / zacht

swoor / licht

zwaar / licht

Smacht / Döst

honger / dorst

krank / gesund

ziek / gezond

nich na't Recht / na't Recht

illegaal / legaal

klook / dummerhaftig

intelligent / dom

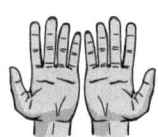

linkerhand / rechterhand

links / rechts

neeg / feern

dichtbij / veraf

nieg / bruukt

nieuw / gebruikt

nix / wat

niets / iets

oolt / jung

oud / jong

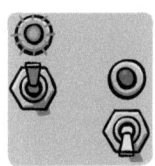

an / ut

aan / uit

apen / slaten

open / dicht

lies / luut

stil / luid

riek / arm

rijk / arm

richtig / verkehrt

juist / fout

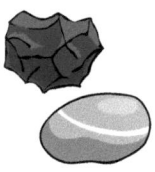

ruug / glatt

ruw / glad

trurig / glücklich

droevig / blij

kort / lang

kort / lang

suutje / flink

traag / snel

natt / dröög

nat / droog

warm / köhl

warm / koud

Krieg / Freden

oorlog / vrede

0	**1**	**2**
null	een	twee
nul	één	twee

3	**4**	**5**
dree	veer	fief
drie	vier	vijf

6	**7**	**8**
söss	söven	acht
zes	zeven	acht

9	**10**	**11**
negen	teihn	ölven
negen	tien	elf

12

twölf
twaalf

13

dörteihn
dertien

14

veerteihn
veertien

15

föffteihn
vijftien

16

sössteihn
zestien

17

söventeihn
zeventien

18

achtteihn
achtien

19

negenteihn
negentien

20

twintig
twintig

100

hunnert
honderd

1.000

dusend
duizend

1.000.000

million
miljoen

Tallen - cijfers

Engelsch

Engels

Amerikaansch Engelsch

Amerikaans Engels

Chineesch Mandarin

Chinees (Mandarijn)

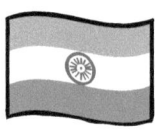

Hindi

Hindi

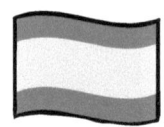

Spaansch

Spaans

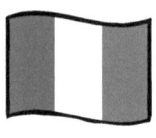

Franzöösch

Frans

Araabsch

Arabisch

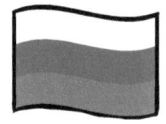

Rusch

Russisch

Portugiesch

Portugees

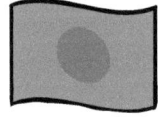

Bengaalsch

Bengali

Düütsch

Duits

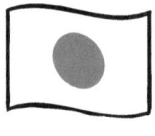

Japaansch

Japans

ik
ik

du
u

he / se / dat
hij / zij / het

wi
wij

ji
u

se
ze

keen?
wie?

wat?
wat?

woans?
hoe?

woneem?
waar?

wannehr?
wanneer?

Naam
naam

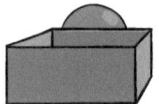

achter

achter

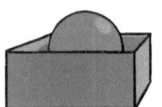

in

in

vör

voor

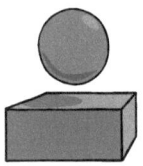

över

boven

op

op

ünner

onder

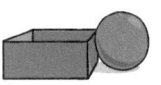

blangen

naast

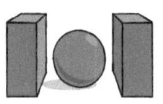

twüschen

tussen

Oort

plaats